shule - skóli — 2
usafiri - ferðalög — 5
usafiri - samgöngur — 8
jiji - borg — 10
mazingira - landslag — 14
mgahawa - veitingastaður — 17
dukakuu - kjörbúð — 20
vinywaji - drykkir — 22
chakula - matur — 23
shamba - bær — 27
nyumba - hús — 31
sebuleni - stofa — 33
jikoni - eldhús — 35
bafu - baðherbergi — 38
chumba ya mtoto - barnaherbergi — 42
nguo - föt — 44
ofisi - skrifstofa — 49
uchumi - hagkerfi — 51
kazi - starfsgreinar — 53
zana - verkfæri — 56
ala za muziki - hljóðfæri — 57
bustani ya wanyama - dýragarður — 59
michezo - íþróttir — 62
shughuli - athafnir — 63
familia - fjölskylda — 67
mwili - líkami — 68
hospitali - sjúkrahús — 72
dharura - neyðartilvik — 76
dunia - Jörð — 77
saa - klukka — 79
wiki - vika — 80
mwaka - ár — 81
maumbo - form — 83
rangi - litir — 84
kinyume - andstæður — 85
nambari - tölur — 88
lugha - tungumál — 90
ambao / nini / jinsi - hver / hvað / hvernig — 91
wapi - hvar — 92

Impressum
Verlag: BABADADA GmbH, Nedderfeld 112 , 22529 Hamburg
Geschäftsführer / Verlagsleitung: Harald Hof
Druck: Books on Demand GmbH, In de Tarpen 42, 22848 Norderstedt

Imprint
Publisher: BABADADA GmbH, Nedderfeld 112 , 22529 Hamburg, Germany
Managing Director / Publishing direction: Harald Hof
Print: Books on Demand GmbH, In de Tarpen 42, 22848 Norderstedt

shule
skóli

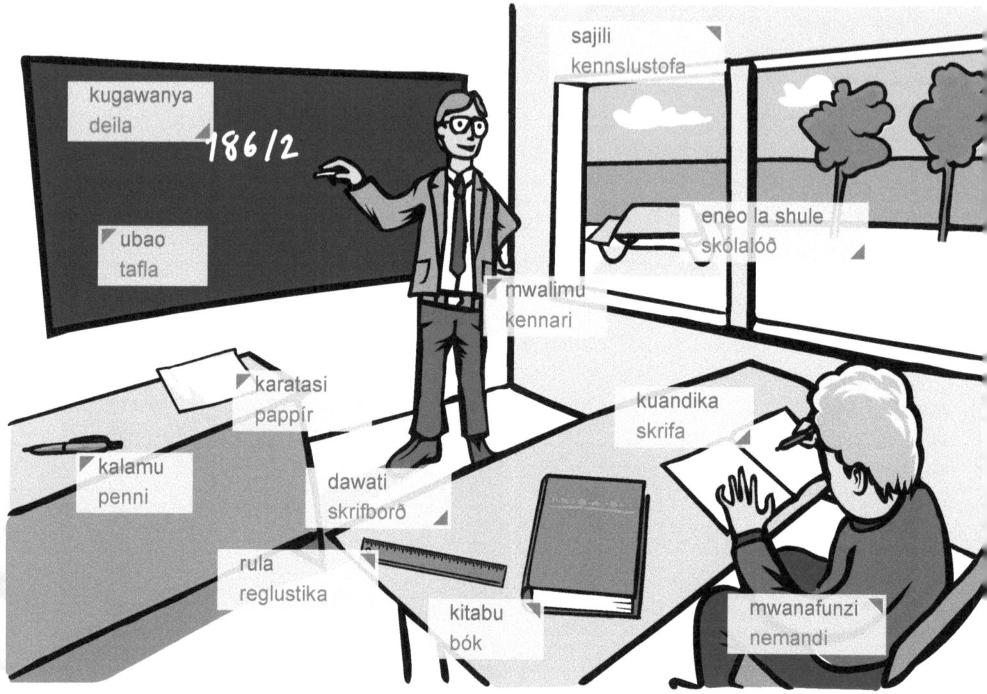
sajili
kennslustofa
kugawanya
deila
186/2
ubao
tafla
eneo la shule
skólalóð
mwalimu
kennari
karatasi
pappír
kuandika
skrifa
kalamu
penni
dawati
skrifborð
rula
reglustika
kitabu
bók
mwanafunzi
nemandi

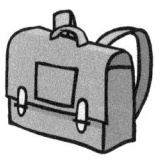

mkoba
skólataska

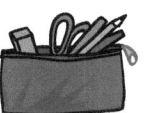

kikasha cha penseli
pennaveski

penseli
blýantur

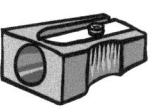

kichonga penseli
yddari

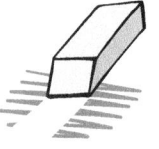

mpira
strokleður

pedi ya kuchora
teikniblað

uchoraji
teikning

brashi ya rangi
pensill

sanduku la rangi
litakassi

mkasi
skæri

gundi
lím

daftari
æfingabók

kazi ya nyumbani
heimavinna

12

nambari
númer

2+2

jumlisha
leggja saman

5-2

ondoa
draga frá

2×2

zidisha
margfalda

kokotoa
reikna

A

barua
bréf

ABCDEFG HIJKLMN OPQRSTU VWXYZ

alfabeti
stafróf

hello

neno
orð

maandishi
texti

kusoma
lesa

chaki
krít

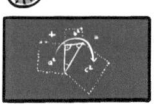

somo
kennslustund

sajili
kladdi

uchunguzi
próf

cheti
vottorð

sare za shule
skólabúningur

elimu
menntun

elezo
alfræðirit

chuo kikuu
háskóli

darubini
smásjá

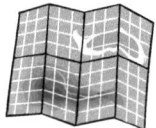

ramani
kort

kikapu cha kuweka karatasi
chafu
ruslakarfa

usafiri
ferðalög

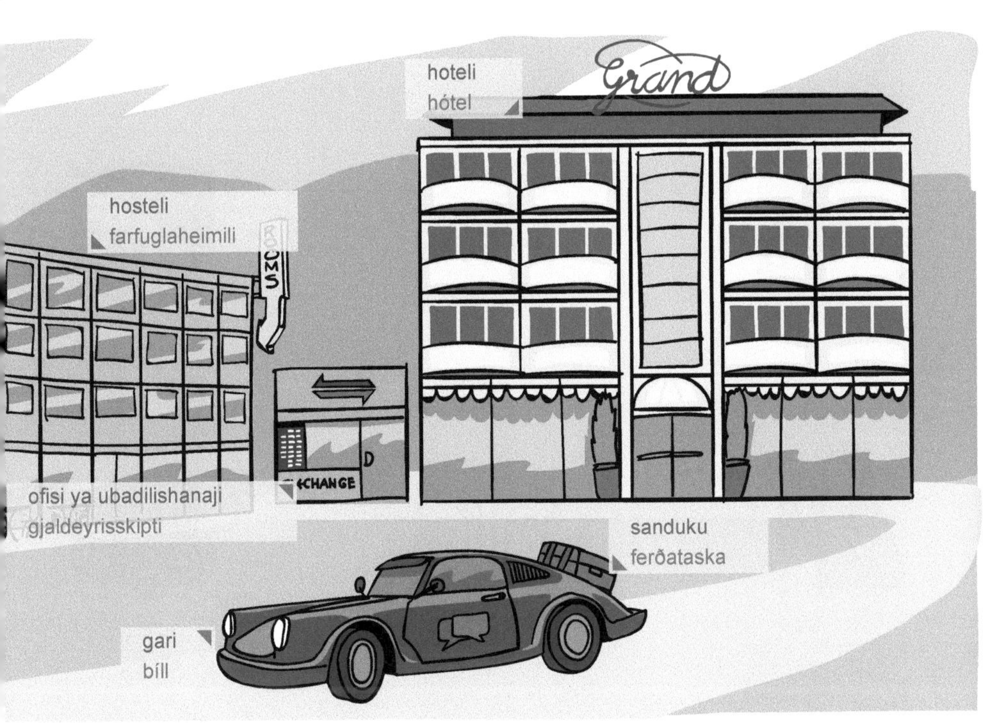
hoteli
hótel
Grand
hosteli
farfuglaheimili
ROOMS
EXCHANGE
ofisi ya ubadilishanaji
gjaldeyrisskipti
sanduku
ferðataska
gari
bíll

lugha
tungumál

ndiyo / la
já / nei

sawa
allt í lagi

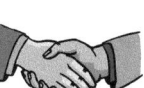

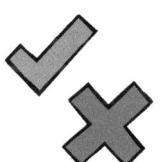

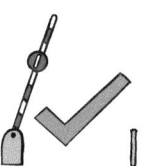

hujambo
halló

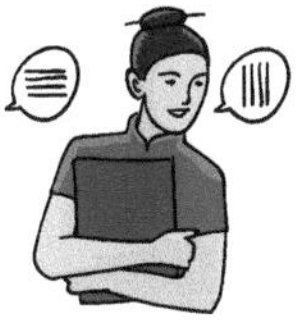

mtafsiri
þýðandi

Asante
takk fyrir

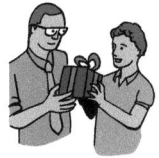

kiasi gani ni ...?

hvað kostar...?

Sielewi

Ég skil ekki

tatizo

vandamál

Jioni njema!

Gott kvöld!

Habari za asubuhi!

Góðan dag!

Usiku mwema!

Góða nótt!

kwa heri

bless bless

mwelekeo

átt

mizigo

farangur

mfuko

taska

shanta

bakpoki

mgeni

gestur

chumba

herbergi

begi la kulalia

svefnpoki

hema

tjald

taarifa ya utalii

upplýsingamiðstöð

ufuo

strönd

kadi

kreditkort

kifunguakinywa

morgunverður

chakula cha mchana

hádegisverður

chakula cha jioni

kvöldmatur

tiketi

farmiði

kuinua

lyfta

muhuri

frímerki

mpaka

landamæri

mila

tollur

ubalozi

sendiráð

visa

vegabréfsáritun

pasipoti

vegabréf

usafiri - ferðalög

usafiri

samgöngur

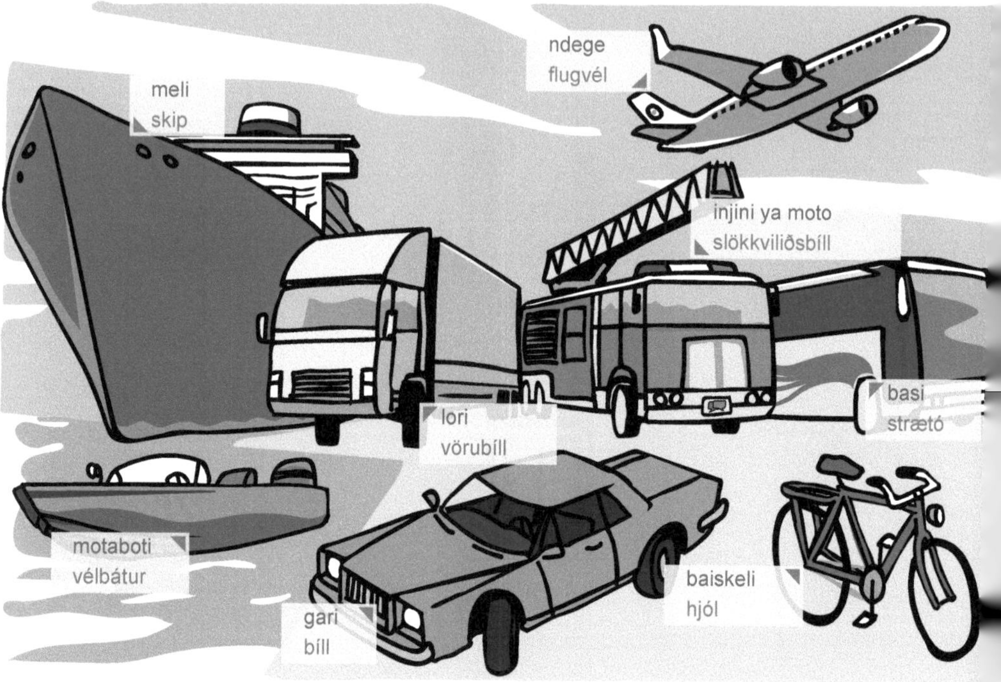
meli
skip
ndege
flugvél
injini ya moto
slökkviliðsbíll
basi
strætó
lori
vörubíll
motaboti
vélbátur
baiskeli
hjól
gari
bíll

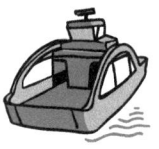

feri
ferja

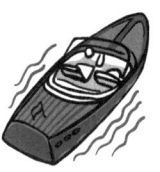

mashua
bátur

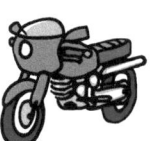

pikipiki
mótorhjól

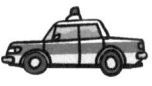

gari la polisi
lögreglubíll

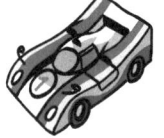

gari la mashindano
kappakstursbíll

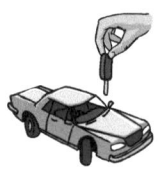

gari la kukodisha
bílaleigubíll

kushiriki gari

bílasamneyti

lori la kuvuta

dráttarbíll

ukusanyaji taka

öskubíll

motor

vél

mafuta

eldsneyti

kituo cha mafuta

bensínstöð

ishara trafiki

umferðarskilti

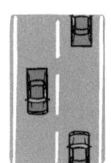

trafiki

umferð

msongamano

umferðarteppa

maegesho

bílastæði

kituo cha treni

lestarstöð

reli

járnbrautarteinar

garimoshi

lest

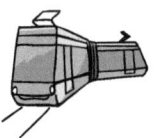

tremu

sporvagn

gari la mizigo

vagn

helikopta
þyrla

uwanja wa ndege
flugvöllur

mnara
turn

abiria
farþegi

chombo
gámur

katoni
pappakassi

mkokoteni
kerra

kikapu
karfa

ondoka
takast á loft / lenda

jiji

borg

kijiji
þorp

katikati ya jiji
miðbær

nyumba
hús

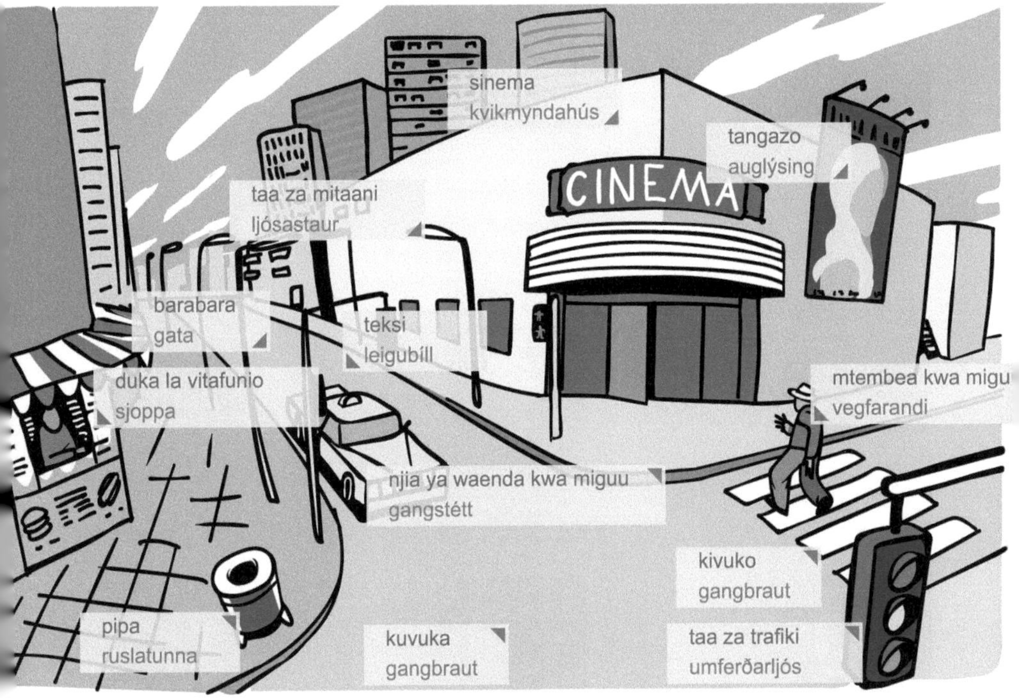

sinema
kvikmyndahús

tangazo
auglýsing

taa za mitaani
ljósastaur

barabara
gata

teksi
leigubíll

duka la vitafunio
sjoppa

mtembea kwa migu
vegfarandi

njia ya waenda kwa miguu
gangstétt

kivuko
gangbraut

pipa
ruslatunna

kuvuka
gangbraut

taa za trafiki
umferðarljós

kibanda
skáli

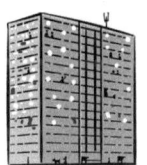

gorofa
íbúð

kituo cha treni
lestarstöð

ukumbi wa mji
ráðhús

Makavazi
safn

shule
skóli

chuo kikuu
háskóli

benki
banki

hospitali
sjúkrahús

hoteli
hótel

duka la dawa
apótek

ofisi
skrifstofa

duka la kitabu
bókabúð

duka
búð

duka la maua
blómabúð

dukakuu
kjörbúð

soko
markaður

idara ya kuhifadhi
stórmarkaður

mwuza samaki
fiskbúð

kituo cha ununuzi
verslunarmiðstöð

bandari
höfn

Hifadhi

almenningsgarður

benki

bekkur

daraja

brú

vidato

stigi

chini ya ardhi

neðanjarðarlest

handaki

göng

kituo cha mabasi

biðstöð

bar

bar

mgahawa

veitingastaður

sanduku la posta

póstkassi

ishara ya barabara

götuskilti

mita ya maegesho

stöðumælir

bustani ya wanyama

dýragarður

kidimbwi cha kuogelea

sundlaug

msikiti

moska

shamba
bær

uchafuzi
mengun

makaburini
kirkjugarður

kanisa
kirkja

uwanja wa michezo
leiksvæði

hekalu
musteri

mazingira
landslag

jani
laufblað

ishara ya mwelekeo
leiðarvísir

njia
leið

malisho
engi

jiwe
steinn

mtembeaji wa masafa
göngufólk

mti
tré

mto
á

nyasi
gras

ua
blóm

bonde
dalur

kilima
hæð

ziwa
stöðuvatn

msitu
skógur

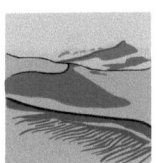

jangwa
eyðimörk

volkano
eldfjall

ngome
kastali

upinde wa mvua
regnbogi

uyoga
sveppur

mtende
pálmatré

mbu
moskítófluga

kuruka
fluga

chungu
maur

nyuki
býfluga

buibui
kónguló

mende
bjalla

chura
froskur

kuchakuro
íkorni

nungunungu
broddgöltur

sungura
héri

bundi
ugla

ndege
fugl

swan
svanur

nguruwe mwitu
villisvín

kulungu
dádýr

aina ya kongoni
elgur

bwawa
stífla

tabo ya upepo
vindmylla

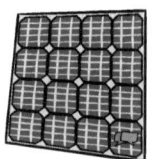

nishaji ya jua
sólarrafhlaða

hali ya hewa
loftslag

mhudumu
þjónn

menyu
matseðill

kiti
stóll

supu
súpa

piza
pizza

vilia
hnífapör

kitambaa cha mezani
dúkur

kiamsha hamu
forréttur

kozi kuu
aðalréttur

kitindamlo
eftirréttur

vinywaji
drykkir

chakula
matur

chupa
flaska

chakula cha haraka

skyndibiti

Streetfood

götumatur

buli

teketill

kisanduku cha sukari

sykurskál

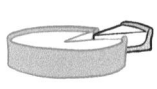

sehemu

skammtur

mashine ya espresso

espressovél

kiti kirefu

barnastóll

muswada

reikningur

trei

bakki

kisu

hnífur

uma

gaffall

kijiko

skeið

kijiko cha chai

teskeið

nepi

servíetta

glasi

glas

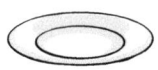

sahani
diskur

sahani ya supu
súpudiskur

sufuria
undirskál

mchuzi
sósa

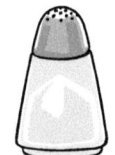

kichanyaji chumvi
saltstaukur

kinu cha pilipili
piparkvörn

siki
edik

mafuta
olía

viungo
krydd

kechapu
tómatsósa

haradali
sinnep

kachumbari nzito
majónes

dukakuu
kjörbúð

ofa maalum
tilboð
mteja
viðskiptavinur
maziwa
mjólkurvörur
FOR
matunda
ávöxtur
toroli
búðarkerra

BUTCHERS

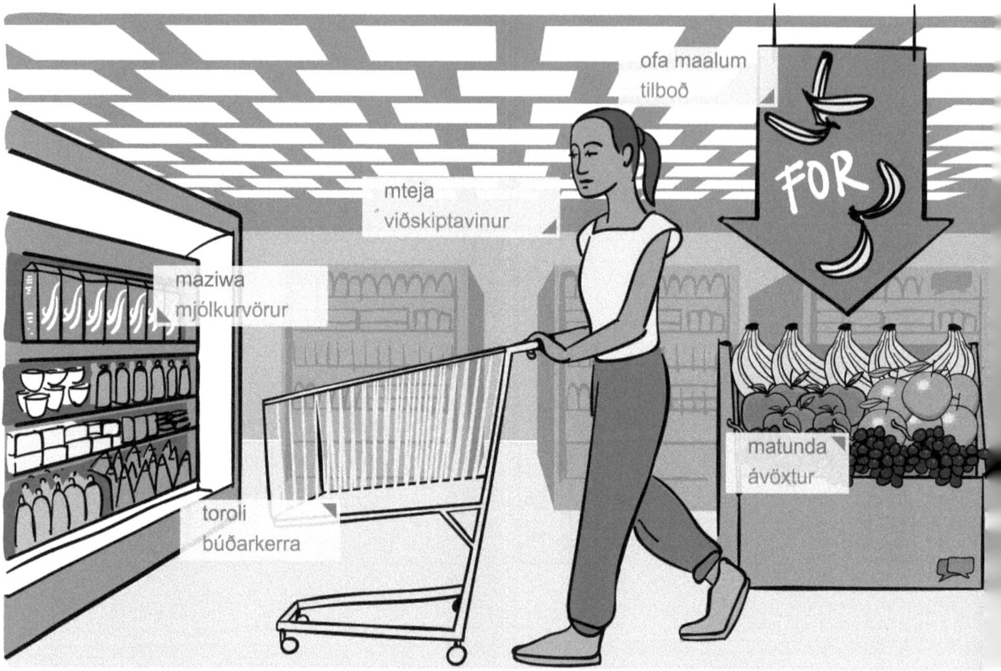

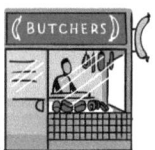

mchinjaji

slátrari

BAKERY

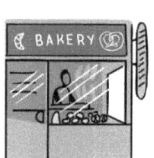

mwokaji

bakarí

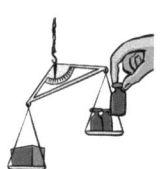

uzito

vega

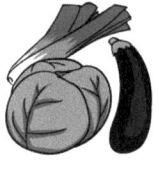

mboga

grænmeti

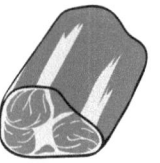

nyama

kjöt

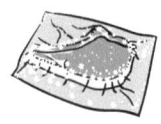

chakula waliohifadhiwa

frosinn matur

nde vya nyama baridi

kjötálegg

chakula cha kopo

niðursoðinn matur

sabuni ya unga

þvottaefni

pipi

sælgæti

bidhaa za kaya

vörur til heimilisnota

bidhaa za kusafisha

hreinsiefni

mtu mauzo

afgreiðslukona

mpaka

afgreiðslukassi

keshia

gjaldkeri

rodha ya manunuzi

innkaupalisti

masaa ya ufunguzi

opnunartímar

mkoba

veski

kadi

kreditkort

mfuko

poki

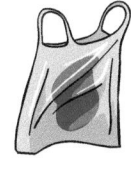

mfuko wa plastiki

plastpoki

maji

vatn

sharubati

safi

maziwa

mjólk

coke

kók

mvinyo

vín

bia

bjór

pombe

áfengi

kakao

kakó

chai

te

kahawa

kaffi

spreso

espresso

kapuchino

kaffi

ndizi

banani

tufaha

epli

machungwa

appelsínugulur

tikiti

melóna

lemon

sítróna

karoti

gulrót

kitunguu saumu

hvítlaukur

mianzi

bambus

kitunguu

laukur

uyoga

sveppir

karanga

hnetur

nudo

núðlur

spageti

spagetti

mpunga

hrísgrjón

saladi

salat

vibanzi

franskar kartöflur

viazi vya kukaanga

steiktar kartöflur

piza

pizza

hambaga

hamborgari

sandwichi

samloka

kipande

snitsel

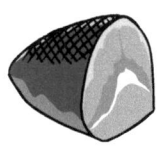

paja la mnyama

skinka

salami

salami

soseji

pylsa

kuku

kjúklingur

choma

steik

samaki

fiskur

oats ya uji

haframjöl

muesli

múslí

cornflakes

kornflögur

unga

hveiti

kroisanti

franskt horn

andazi

smábrauð

mkate

brauð

mkate wa kubanika

ristað brauð

biskuti

kex

siagi

smjör

maziwa mgando

ystingur

keki

kaka

yai

egg

yai kukaanga

spælt egg

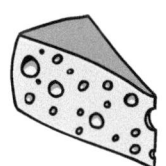

jibini

ostur

aiskrimu

ís

sukari

sykur

asali

hunang

jemu

sulta

kuenea kwa chokoleti

súkkulaðiálegg

mchuzi wa viungo

karrý

nyumba ya kilimo
bóndabær

ghalani
hlaða

majani bale
heybaggi

uwanja
hagi

farasi
hestur

trela
kerra

mtoto
folald

trekta
dráttarvél

punda
asni

kondoo
sauðfé

mwanakondoo
lamb

mbuzi
geit

ng'ombe
kýr

ndama
kálfur

nguruwe
svín

mwananguruwe
grís

fahali
naut

batabukini

gæs

bata

önd

kifaranga

ungi

kuku

hæna

jogoo

hani

panya

rotta

paka

köttur

panya

mús

ng'ombe

uxi

mbwa

hundur

nyumba ya mbwa

hundakofi

bomba la bustani

garðslanga

debe la kumwagilia maji

garðkanna

fyekeo

ljár

kulima

plógur

mundu

sigð

jembe

hlújárn

uma wa nyasi

heygaffall

shoka

öxi

toroli

hjólbörur

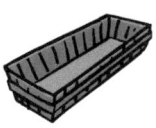

kupitia nyimbo

trog

chombo cha maziwa

mjólkurfata

gunia

poki

ua

girðing

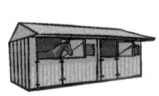

imara

gripahús

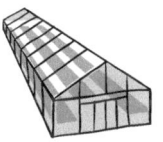

chafu

gróðurhús

udongo

jarðvegur

mbegu

fræ

mbolea

áburður

kivunaji

kornskurðarvél

mavuno
uppskera

mavuno
uppskera

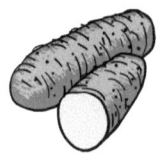

viazi vikuu
kínverskar kartöflur

ngano
hveiti

soya
soja

viazi
kartafla

mahindi
maís

rapa
repja

mti wa matunda
ávaxtatré

muhogo
maníókarót

nafaka
korn

nyumba
hús

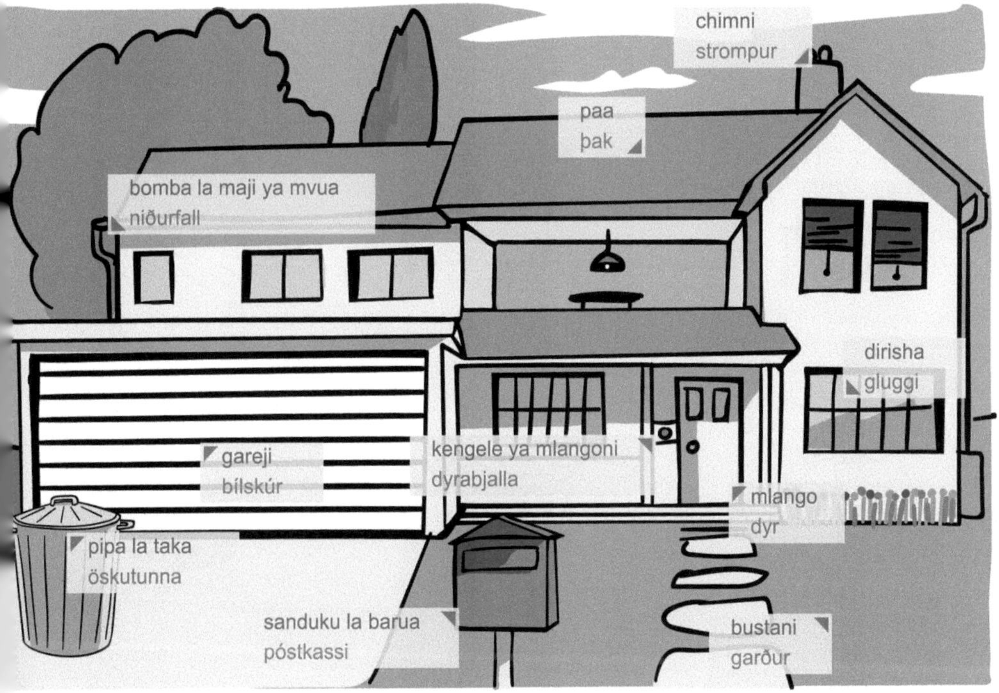
chimni
strompur
paa
þak
bomba la maji ya mvua
niðurfall
dirisha
gluggi
gareji
bílskúr
kengele ya mlangoni
dyrabjalla
mlango
dyr
pipa la taka
öskutunna
sanduku la barua
póstkassi
bustani
garður

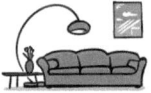

sebuleni

stofa

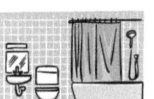

bafu

baðherbergi

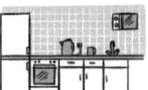

jikoni

eldhús

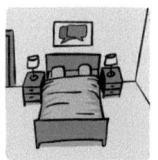

chumba cha kulala

svefnherbergi

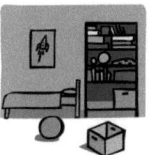

chumba ya mtoto

barnaherbergi

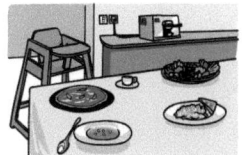

chumba cha kulia

borðstofa

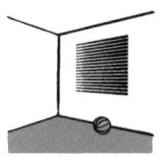

sakafu

gólf

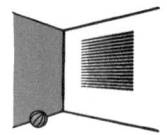

ukuta

veggur

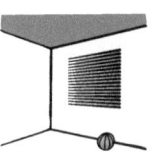

dari

loft

pishi

kjallari

sauna

gufubað

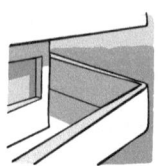

roshani

svalir

mtaro

verönd

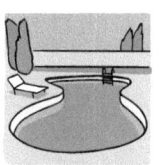

kidimbwi

sundlaug

mashine ya kukata nyasi

sláttuvél

karatasi

lak

kitambaa cha kupamba
kitanda

rúmteppi

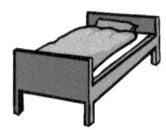

kitanda

rúm

ufagio

kústur

ndoo

fata

kubadili

rofi

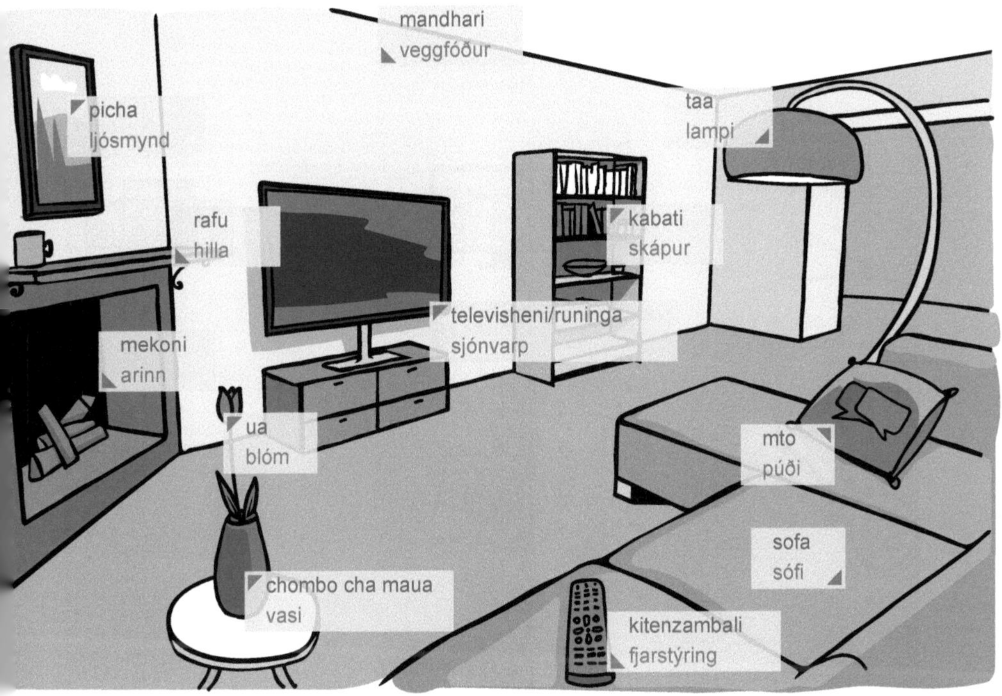

mandhari
veggfóður

picha
ljósmynd

taa
lampi

rafu
hilla

kabati
skápur

mekoni
arinn

televisheni/runinga
sjónvarp

ua
blóm

mto
púði

chombo cha maua
vasi

sofa
sófi

kitenzambali
fjarstýring

zulia

teppi

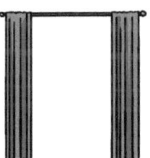

pazia

gardínur

meza

borð

kiti

stóll

kiti cha bembea

ruggustóll

armchair

hægindastóll

kitabu

bók

blanketi

sæng

mapambo

skraut

kuni

eldiviður

filamu

mynd

kifaa cha hi-fi

hljómflutningstæki

ufunguo

lykill

gazeti

dagblað

uchoraji

málverk

bango

veggspjald

redio

útvarp

daftari

minnisbók

kifyonza

ryksuga

dungusi kakati

kaktus

mshumaa

kerti

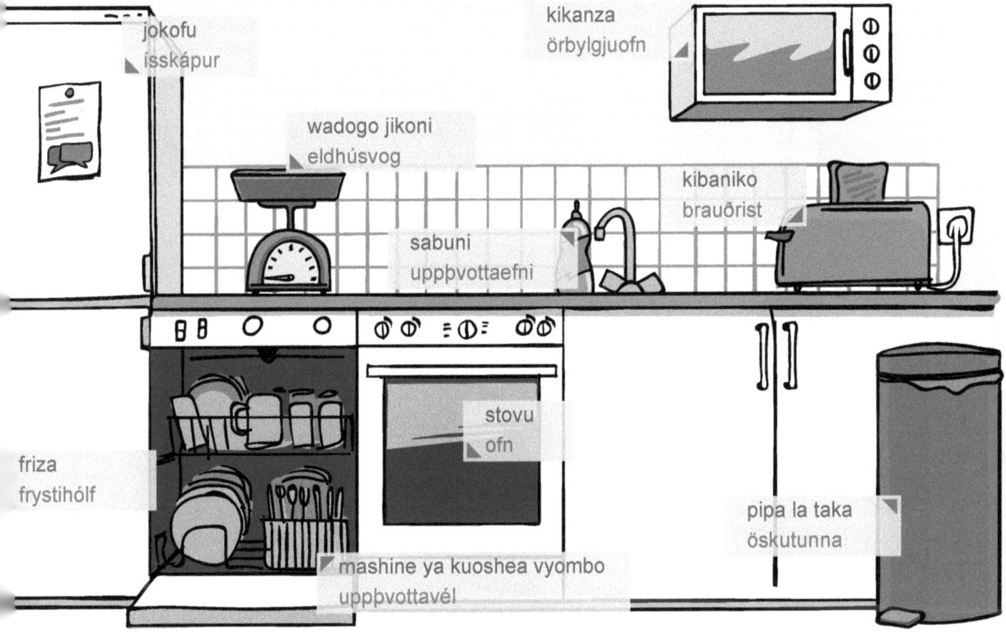

jokofu
ísskápur

kikanza
örbylgjuofn

wadogo jikoni
eldhúsvog

kibaniko
brauðrist

sabuni
uppþvottaefni

friza
frystihólf

stovu
ofn

pipa la taka
öskutunna

mashine ya kuoshea vyombo
uppþvottavél

jiko la kupika
eldavél

chungu
pottur

sufuria ya chuma
steypujárnspottur

wok / kadai
wok/kadai

kaango
panna

birika
ketill

stima

gufukarfa

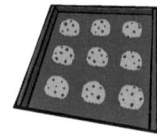

sinia ya kuoka

ofnform

vyombo vya udongo

leirtau

kombe

mál

bakuli

skál

vijiti vya kulia

prjónar

ukawa

ausa

mwiko mpana

spaði

burashi

pískur

kichujio

sigti

chujio

málmsigti

mbuzi

rifjárn

chokaa

mortél

barbeque

grill

moto wazi

opinn eldur

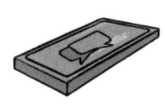

ubao wa majaribio

skurðarbretti

kijiti cha kusukuma unga

kökukefli

kizibuo

tappatogari

kopo

dós

inaweza kopo

dósaopnari

kishikio cha chungu

pottaleppur

karo

vaskur

brashi

bursti

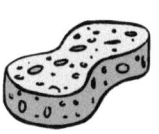

sifongo

svampur

kisagaji matunda

blandari

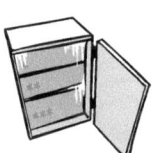

friji ya kina

frystir

chupa ya mtoto

peli

bomba

blöndunartæki

bafu

baðherbergi

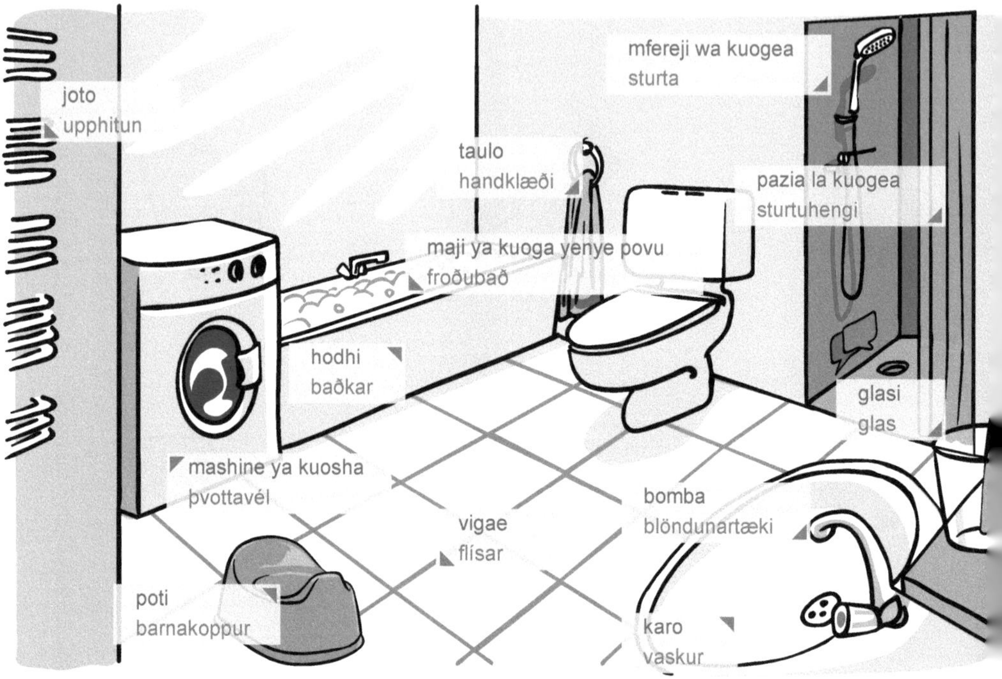

joto
upphitun
taulo
handklæði
mfereji wa kuogea
sturta
pazia la kuogea
sturtuhengi
maji ya kuoga yenye povu
froðubað
hodhi
baðkar
glasi
glas
mashine ya kuosha
þvottavél
bomba
blöndunartæki
vigae
flísar
poti
barnakoppur
karo
vaskur

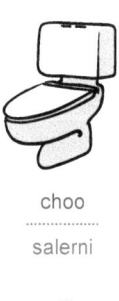

choo

salerni

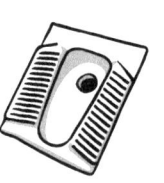

choo cha squat

salerni án setu

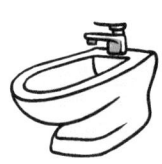

beseni la mviringo

skolskál

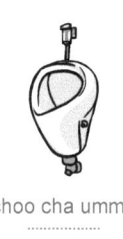

choo cha umma

þvagskál

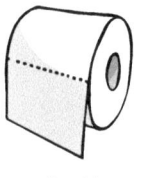

shashi

salernispappír

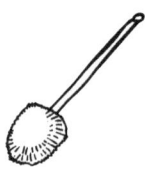

brashi ya choo

salernisbursti

mswaki

tannbursti

dawa ya meno

tannkrem

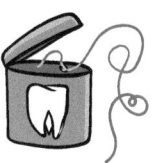

dawa ya meno

tannþráður

safisha

þvo

kuoga mkono

handsturta

msukumo wa maji

salernissturta

bonde

vaskur

mpako wa pili

bakbursti

sabuni

sápa

jeli ya kuogea

sturtugel

shampuu

sjampó

flana

flannel

toa maji

niðurfall

krimu

krem

kiondoa harufu

svitalyktareyðir

kioo
spegill

kioo mkono
handspegill

kinyozi
rakskafa

povu la kunyoa
raksápa

baada ya kunyoa
rakspíri

kichana
greiða

brashi
bursti

kikausha nywele
hárþurrka

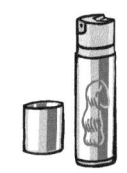

marashi ya nyewele
hársprey

vipodozi
farði

kidomwa
varalitur

varnish ya msumari
naglalakk

pamba
bómull

mkasi wa kucha
naglaklippur

manukato
ilmvatn

mkoba wa kuosha

þvottapoki

kinyesi

kollur

mizani

vog

nguo ya kuoga

sloppur

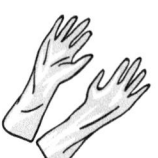

glavu za mpira

gúmmíhanskar

kisodo

tíðatappi

sodo

dömubindi

kemikali choo

efnasalerni

chumba ya mtoto
barnaherbergi

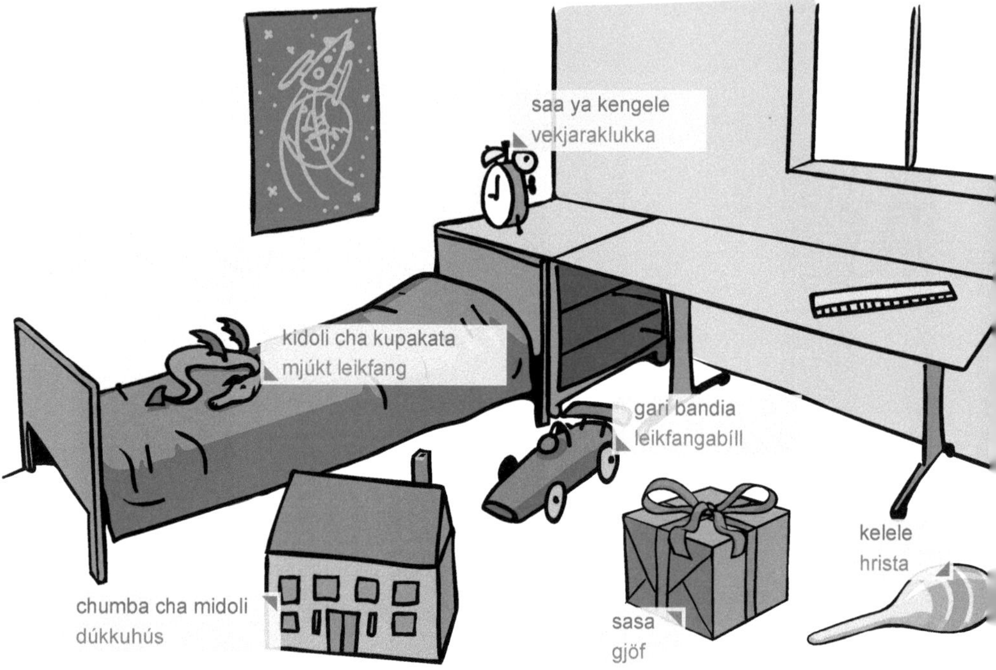
saa ya kengele
vekjaraklukka
kidoli cha kupakata
mjúkt leikfang
gari bandia
leikfangabíll
kelele
hrista
chumba cha midoli
dúkkuhús
sasa
gjöf

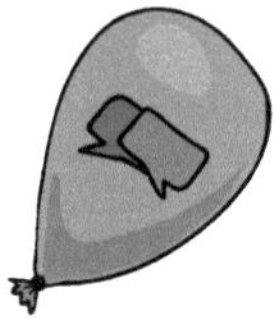

baluni

blaðra

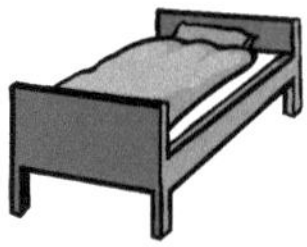

kitanda

rúm

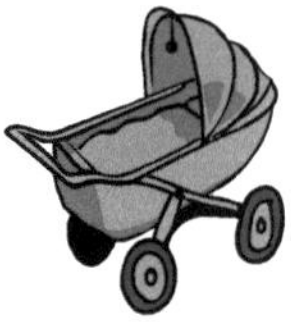

mashua

barnavagn

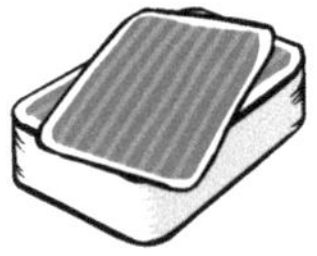

staha ya kadi

spilastokkur

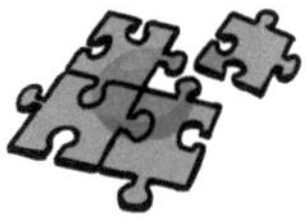

mchezo-fumb

púsluspil

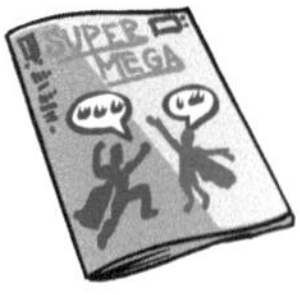
SUPER
MEGA

vichekesho

myndasaga

matofali lego

legókubbar

vitalu mwigo

leikfangakubbar

hatua takwimu

leikfangakall

suti ya kulalia

samfestingur

kisahani

Frisbídiskur

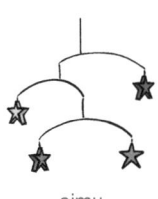

simu

órói

ubao wa michezo

spilaborð

kete

teningar

garimoshi mwigo

lestarlíkan

dummy

snuð

chama

veisla

picha kitabu

myndabók

mpira

bolti

kikaragosi

brúða

kucheza

spila

shimo la mchanga
sandkassi

bembea
sveifla

vitu bandia
leikföng

kiweko cha video ya
mchezo
leikjatölva

baiskeli ya magurudumu
þríhjól
matatu

mwanasesere
bangsi

kabati
fataskápur

nguo
föt

soksi
sokkar

stokingi
kvensokkabuxur

kibano
sokkabuxur

skafu
trefill

mwavuli
regnhlíf

ukanda
belti

fulana
stuttermabolur

viatu
skór

ndara
inniskór

wakufunzi
strigaskór

malapa
sandalar

viatu
skór

mabuti ya mpira
gúmmístígvél

suruali ya ndani
nærbuxur

sidiria
brjóstahaldari

fulana
vesti

mwili
....
samfella

suruali
....
buxur

dangirizi
....
gallabuxur

sketi
....
pils

blauzi
....
blússa

shati
....
skyrta

vuta
....
peysa

sweta
....
hettupeysa

bleza
....
jakki

jaketi
....
jakki

koti
....
frakki

koti la mvua
....
regnfrakki

maleba
....
dragt

gauni
....
kjóll

mavazi ya harusi
....
brúðarkjóll

suti

jakkaföt

vazi la usiku

náttkjóll

pajama

náttföt

sari

Sari

skafu

höfuðslæða

kilemba

túrban

burka

búrka

kaftan

kaftan

abaya

abaya

vazi la kuogelea

sundföt

vazi la kiume la kuogelea

sundbuxur

kaptura

stuttbuxur

teitei

íþróttagalli

aproni

svunta

glavu

hanskar

kifungo

hnappur

glasi

gleraugu

bangili

armband

mkufu

hálsmen

pete

hringur

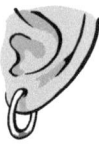

herini

eyrnalokkur

kofia

húfa

kiango cha koti

herðatré

kofia

hattur

tai

bindi

zipu

rennilás

kofia

hjálmur

kanda za suruali

axlabönd

sare za shule

skólabúningur

sare

einkennisbúningur

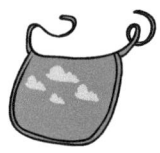

bibu

smekkur

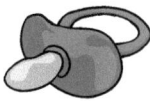

dummy

snuð

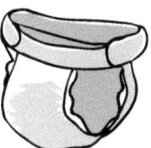

nepi

bleyja

ofisi

skrifstofa

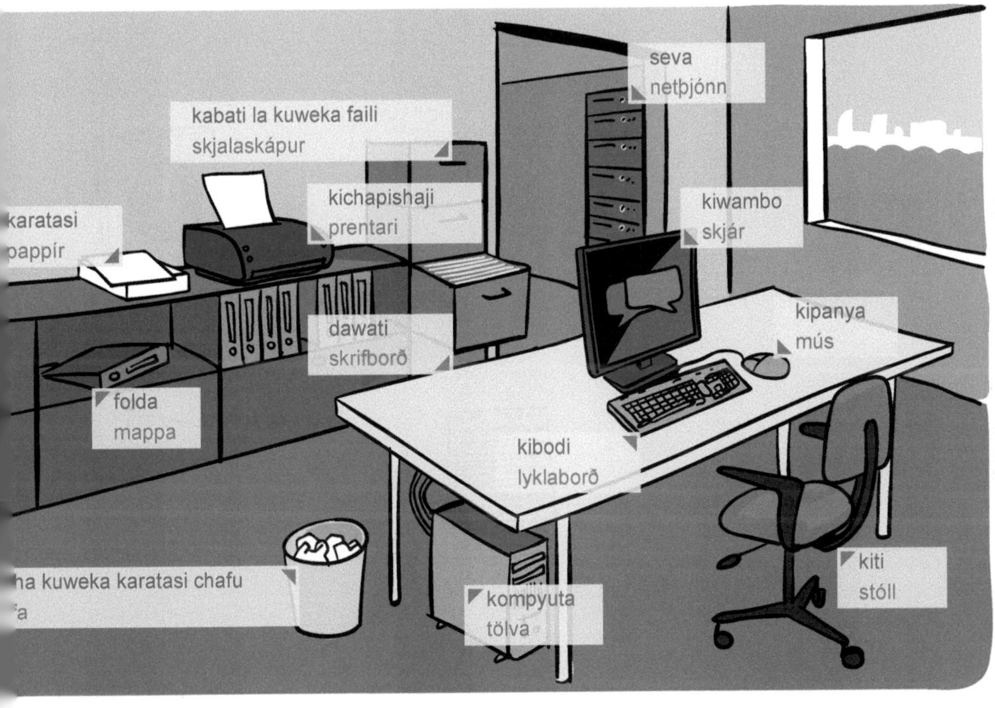
seva
netþjónn
kabati la kuweka faili
skjalaskápur
kichapishaji
prentari
karatasi
appír
kiwambo
skjár
dawati
skrifborð
kipanya
mús
folda
mappa
kibodi
lyklaborð
ha kuweka karatasi chafu
kiti
stóll
kompyuta
tölva

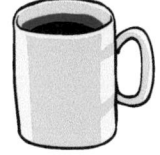

kmobe la kahawa

kaffibolli

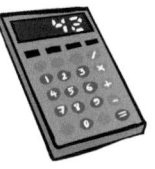

kikokotoo

reiknivél

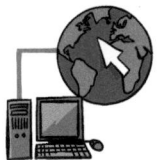

biashara

internet

mbali

fartölva

barua

bréf

ujumbe

skilaboð

rununu

farsími

intaneti

net

fotokopia

ljósritunarvél

programu

hugbúnaður

simu

sími

soketi

innstunga

kipepesi

faxtæki

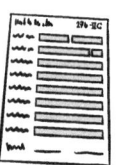

fomu

eyðublað

hati

skjal

kununua
kaupa

kulipa
borga

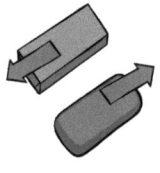

biashara
versla

fedha
peningar

dola
dollari

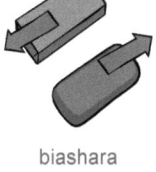

yuro
evra

yeni
jen

rouble
rúbla

faranga ya Uswisi
svissneskur franki

renminbi yuan
renminbi yuan

rupia
rúpíur

eneo la kulipia
hraðbanki

ofisi ya ubadilishanaji

gjaldeyrisskipti

dhahabu

gull

fedha

silfur

mafuta

olía

nishati

orka

bei

verð

mkataba

samningur

kodi

skattur

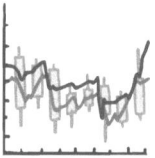

bidhaa

hlutabréf

kazi

vinna

mfanyakazi

starfsmaður

mwajiri

vinnuveitandi

kiwanda

verksmiðja

duka

búð

afisa wa polisi
lögreglumaður

mzimamoto
slökkviliðsmaður

mpishi
kokkur

daktari
læknir

rubani
flugmaður

mtunza bustani
garðyrkjumaður

seremala
smiður

mshonaji
saumakona

hakimu
dómari

mwanakemia
lyfjafræðingur

muigizaji
leikari

dereva wa basi

strætóbílstjóri

dereva wa teksi

leigubílstjóri

mvuvi

sjómaður

mwanamke wa kusafisha

ræstitæknir

mwezekaji

þaksmiður

mhudumu

þjónn

mwindaji

veiðimaður

mchoraji

málari

mwokaji

bakari

umeme

rafvirki

mjenzi

byggingaverkamaður

mhandisi

verkfræðingur

mchinjaji

slátrari

fundi bomba

pípari

mwanaposta

póstmaður

mwanajeshi

hermaður

msanifu majengo

arkitekt

keshia

gjaldkeri

muuza maua

blómasali

msusi

hárgreiðslumaður

kondakta

lestarstjóri

mekanika

vélvirki

nahodha

skipstjóri

daktari wa meno

tannlæknir

mwanasayansi

vísindamaður

rabbi

rabbíi

imamu

Imam

mtawa

munkur

kasisi

prestur

zana
verkfæri

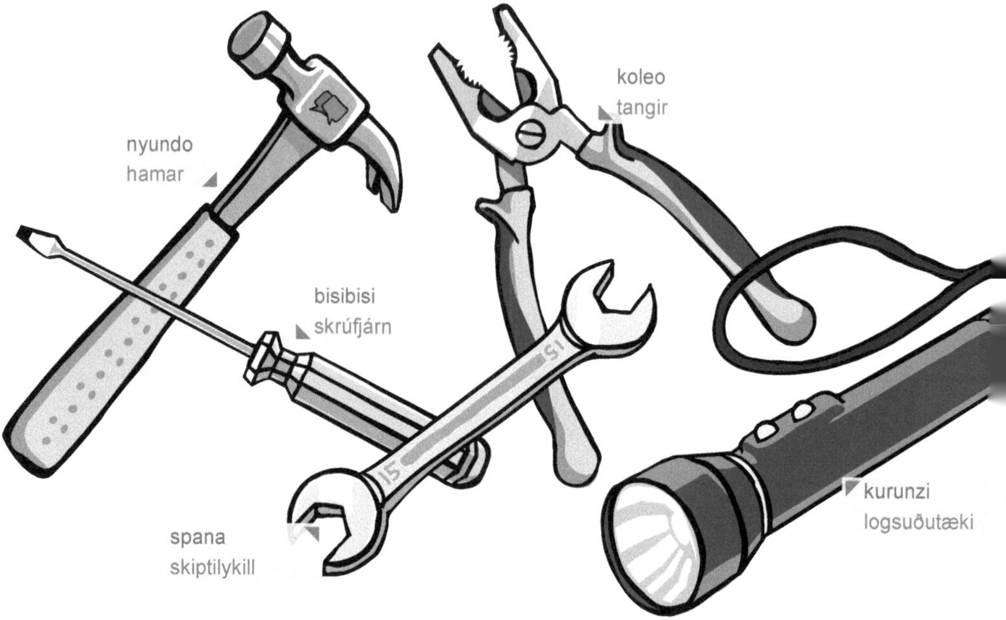
nyundo
hamar
koleo
tangir
bisibisi
skrúfjárn
spana
skiptilykill
kurunzi
logsuðutæki

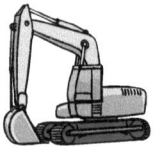

mchimbaji

grafa

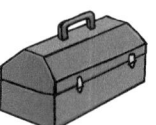

sanduku la vifaa

verkfærataska

ngazi

stigi

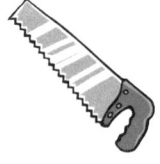

msumeno

sög

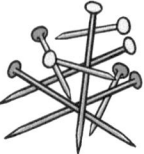

misumari

naglar

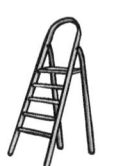

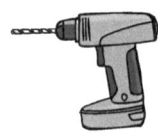

kuchimba visima

bor

kukarabati

gera við

sepetu

skófla

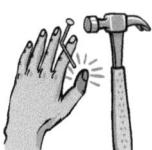

Lo!

Fjandinn!

kishikio cha uchafu

fægiskófla

chungu cha rangi

málningarfata

skurubu

skrúfur

ala za muziki
hljóðfæri

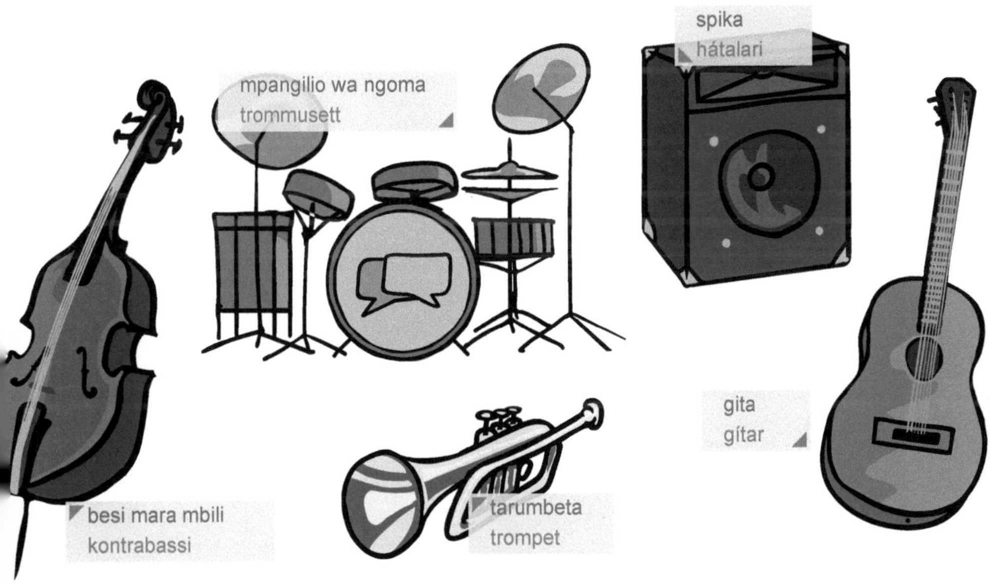

spika
hátalari

mpangilio wa ngoma
trommusett

gita
gítar

besi mara mbili
kontrabassi

tarumbeta
trompet

piano

píanó

fidla

fiðla

ubeji

bassi

timpani

pákur

ngoma

trommur

kibodi

hljómborð

saksafoni

saxófónn

filimbi

flauta

maikrofoni

hljóðnemi

bustani ya wanyama

dýragarður

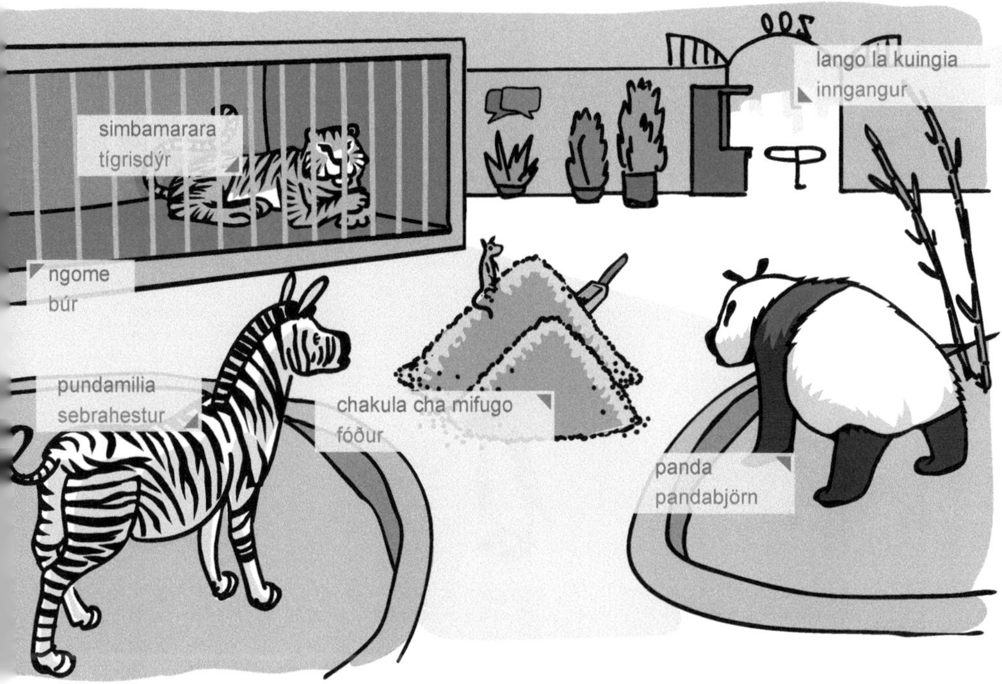

lango la kuingia
inngangur
simbamarara
tígrisdýr
ngome
búr
pundamilia
sebrahestur
chakula cha mifugo
fóður
panda
pandabjörn

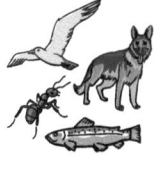

wanyama

dýr

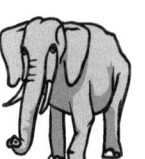

tembo

fíll

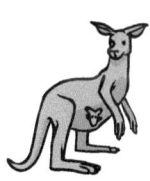

kangaruu

kengúra

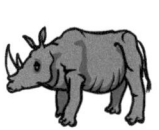

kifaru

nashyrningur

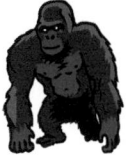

sokwe

górilla

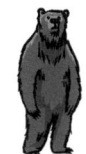

dubu

skógarbjörn

ngamia

úlfaldi

mbuni

strútur

simba

ljón

tumbili

api

heroe

flamingó

kasuku

páfagaukur

dubu

ísbjörn

penguini

mörgæs

papa

hákarl

tausi

páfugl

nyoka

snákur

mamba

krókódíll

mtunza wanyama

dýragarðsvörður

muhuri

selur

jaguar

jagúar

mwanafarasi
hestur

chui
hlébarði

kiboko
flóðhestur

twiga
giraffi

tai
örn

nguruwe mwitu
villisvín

samaki
fiskur

kobe
skjaldbaka

sili
rostungur

mbweha
refur

paa
gasella

soka ya marekani
Amerískur fótbolti

uendeshaji baiskeli
hjólreiðar

tenisi
tennis

mpira wa kikapu
körfubolti

kuogelea
sund

magongo ya barafuni
íshokkí

ndondi
hnefaleikar

soka
fótbolti

vinyoya
hnit

riadha
frjálsar íþróttir

mpira wa mikono
handbolti

skii
skíði

polo
póló

shughuli
athafnir

cheka
hlæja
kuruka
hoppa
kumbatia
faðma
kutembea
ganga
kuimba
syngja
ota ndoto
dreyma
kuomba
biðja
busu
kyssa

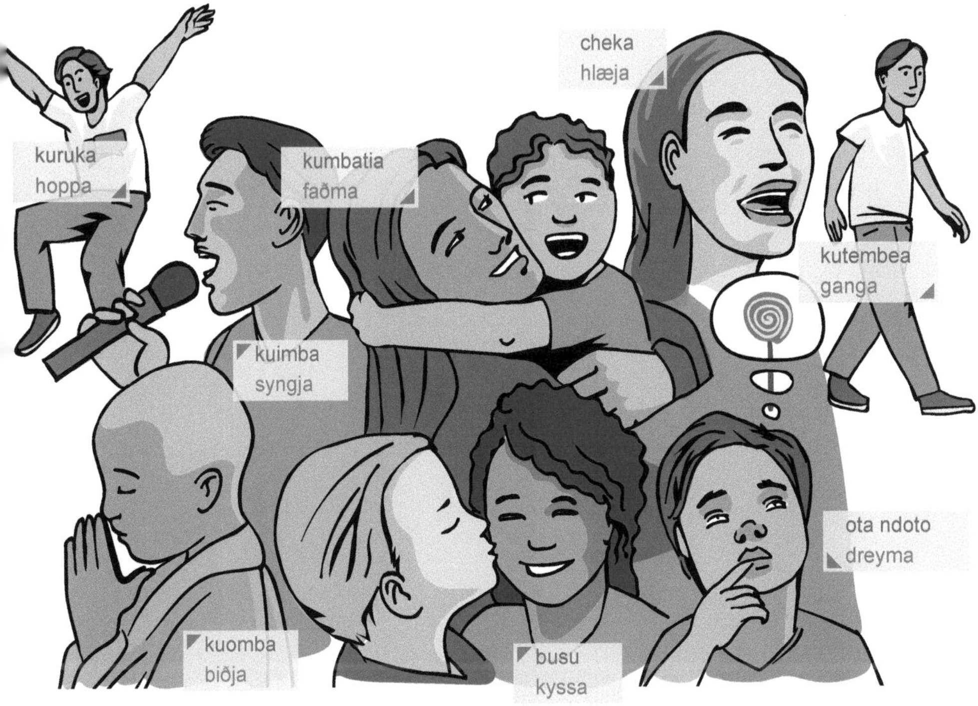

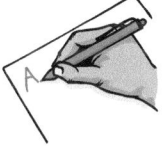

kuandika
skrifa

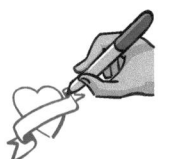

kuteka
teikna

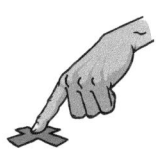

angalia
sýna

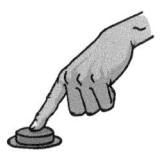

sukuma
ýta

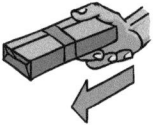

kutoa
gefa

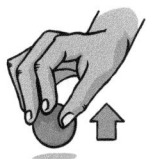

kuchukua
taka

kuwa
hafa

fanya
gera

kuwa
vera

kusimama
standa

kukimbia
hlaupa

vuta
draga

kutupa
kasta

kuanguka
detta

hadaa
ljúga

kusubiri
bíða

kubeba
bera

kukaa
sitja

vaa nguo
klæða sig

usingizi
sofa

kuamka
vakna

shughuli - athafnir

kuangalia

líta á

lia

gráta

kiharusi

strjúka

chana nywele

greiða

ongea

tala

kuelewa

skilja

kuuliza

spyrja

kusikiliza

hlusta

kunywa

drekka

kula

borða

nadhifisha

taka til

upendo

elska

mpishi

elda

gari

keyra

kuruka

fljúga

meli
sigla

kokotoa
reikna

kusoma
lesa

kujifunza
læra

kazi
vinna

kuoa
giftast

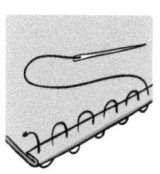

kushona
sauma

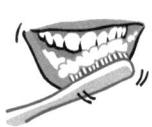

piga mswaki
bursta tennur

kuua
drepa

moshi
reykja

kutuma
senda

familia
fjölskylda

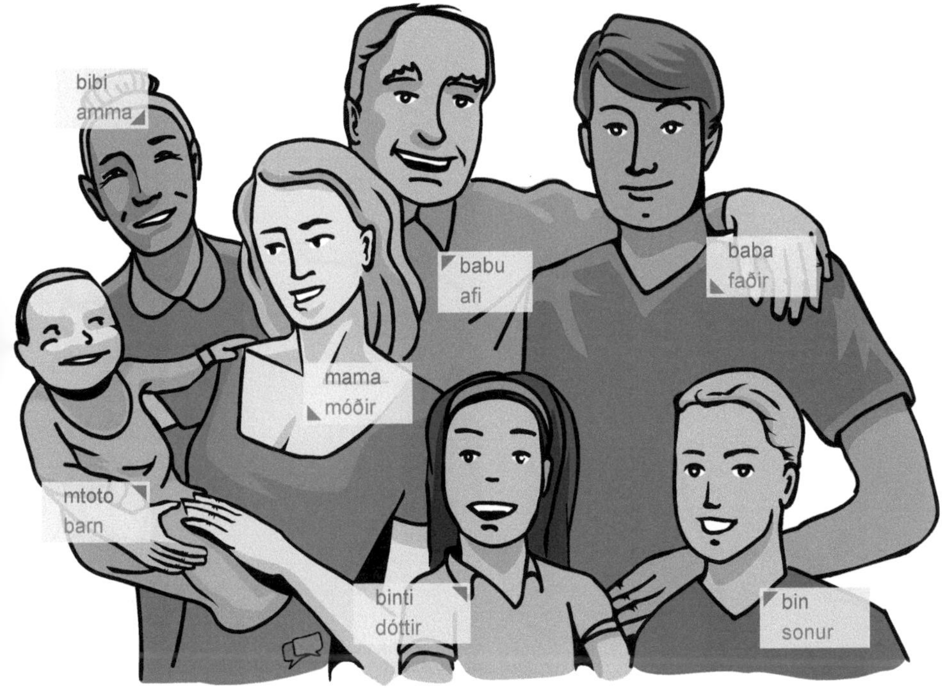
bibi
amma
babu
afi
baba
faðir
mama
móðir
mtoto
barn
binti
dóttir
bin
sonur

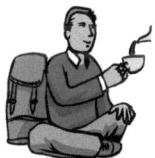

mgeni

gestur

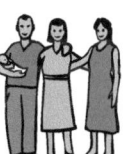

shangazi

frænka

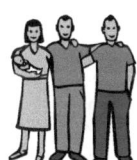

mjomba

frændi

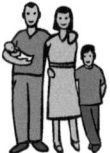

kaka

bróðir

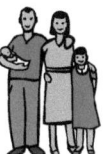

dada

systir

mwili
líkami

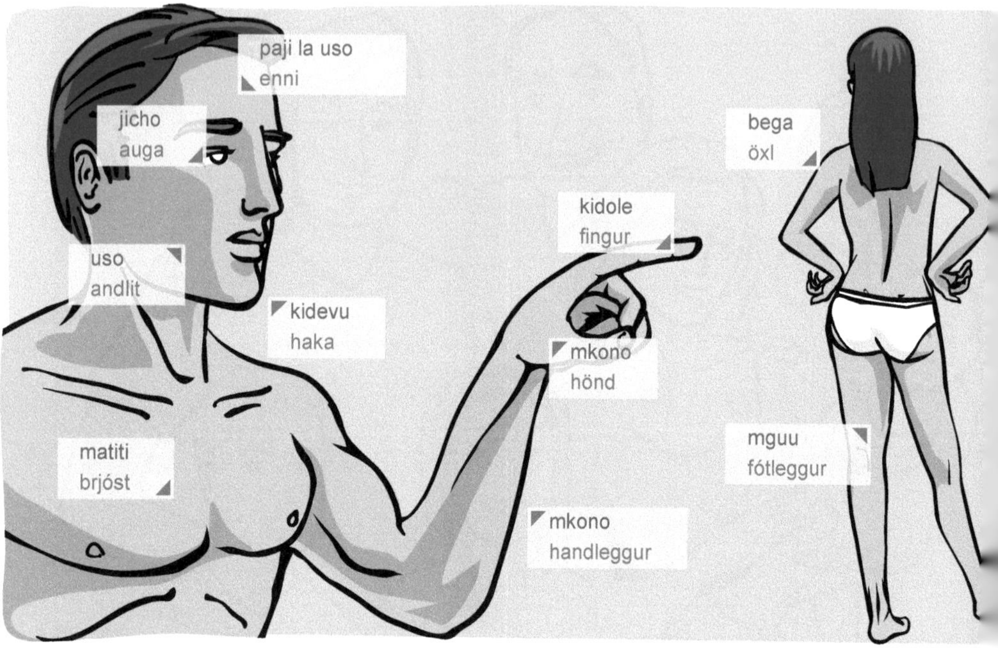
paji la uso
enni
jicho
auga
bega
öxl
kidole
fingur
uso
andlit
kidevu
haka
mkono
hönd
mguu
fótleggur
matiti
brjóst
mkono
handleggur

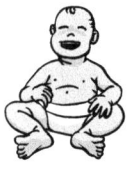

mtoto
barn

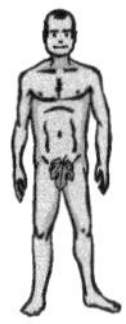

mwanamume
maður

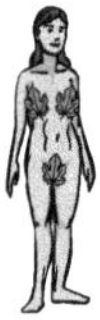

mwanamke
kona

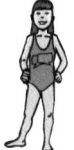

msichana
stúlka

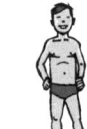

mvulana
drengur

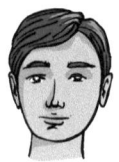

kichwa
höfuð

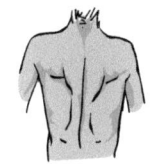

nyuma
bak

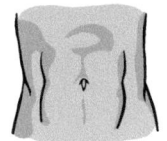

tumbo
kviður

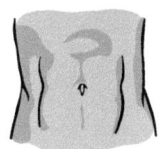

kitovu
nafli

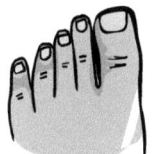

chano
tá

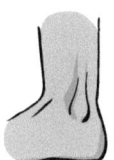

kisigino
hæll

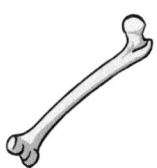

mfupa
bein

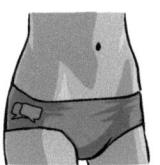

nyonga
mjöðm

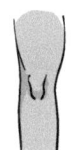

goti
hné

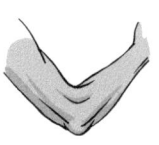

kiwiko
olnbogi

pua
nef

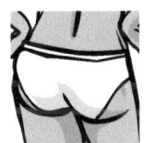

chini
rass

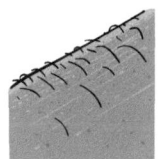

ngozi
húð

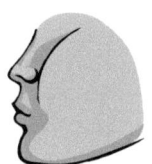

shavu
kinn

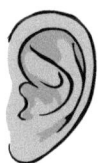

sikio
eyra

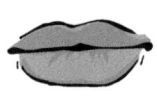

mdomo
vör

kinywa
munnur

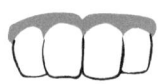

jino
tönn

ulimi
tunga

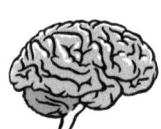

ubongo
heili

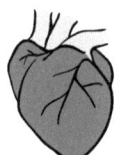

moyo
hjarta

misuli
vöðvi

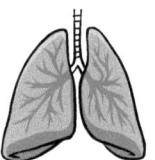

pafu
lunga

ini
lifur

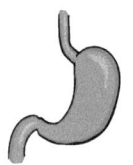

tumbo
magi

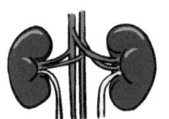

figo
nýru

jinsia
kynmök

kondomu
smokkur

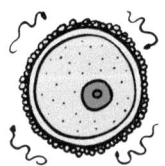

ovari
eggfruma

shahawa
sæði

mimba
ólétta

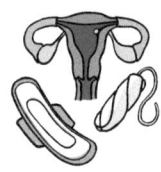

hedhi
....
tíðir

uke
....
leggöng

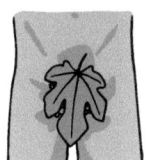

uume
....
typpi

unyusi
....
augabrún

nywele
....
hár

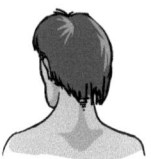

shingo
....
háls

hospitali
sjúkrahús

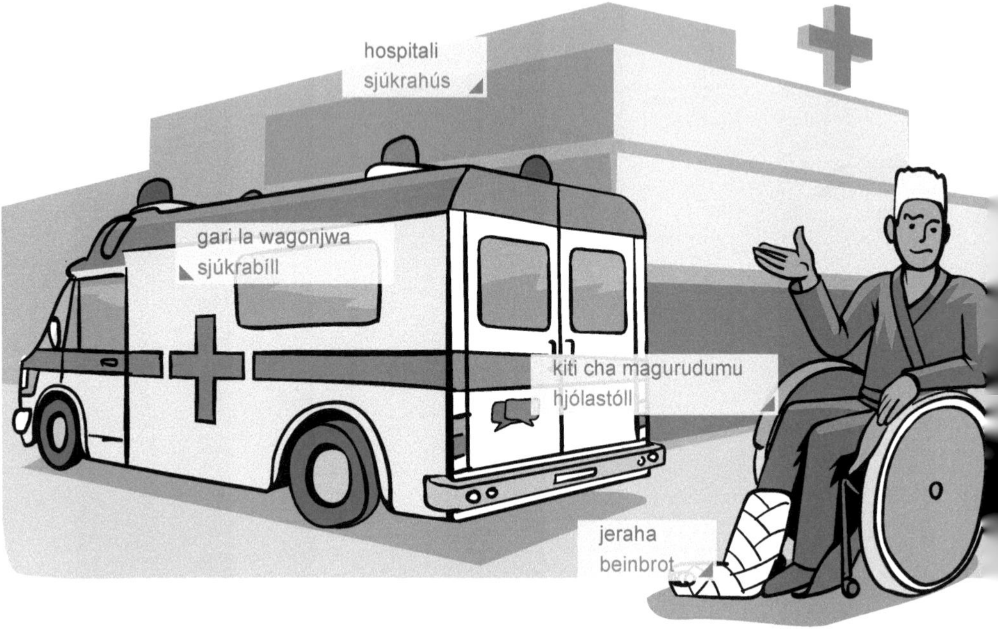

hospitali
sjúkrahús
gari la wagonjwa
sjúkrabíll
kiti cha magurudumu
hjólastóll
jeraha
beinbrot

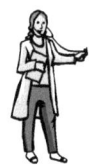

daktari

læknir

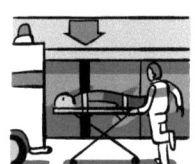

chumba cha dharura

bráðamóttaka

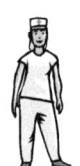

muuguzi

hjúkrunarfræðingur

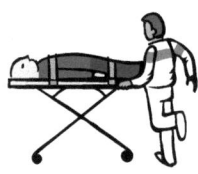

dharura

neyðartilvik

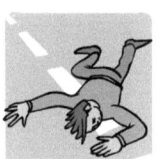

kupoteza fahamu

meðvitundarlaus

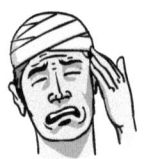

maumivu

verkir

kuumia

meiðsli

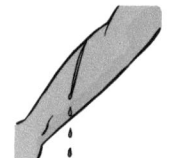

kutokwa na damu

blæðing

mshtuko wa moyo

hjartaáfall

kiharusi

heilablóðfall

mzio

ofnæmi

kikohozi

hósti

homa

hiti

mafua

flensa

kuharisha

niðurgangur

maumivu ya kichwa

höfuðverkur

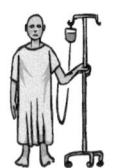

kansa

krabbamein

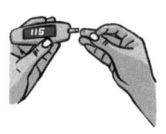

ugonjwa wa kisukari

sykursýki

daktari mpasuaji

skurðlæknir

kisu kidogo cha kupasulia

skurðhnífur

operesheni

aðgerð

picha changanufu ya mwili

sneiðmyndataka

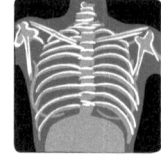

Eksrei

röntgengeisli

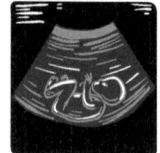

mawimbi sauti

ómskoðun

barakoa ya uso

andlitsgríma

ugonjwa

sjúkdómur

chumba cha kusubiri

biðstofa

mkongojo

hækja

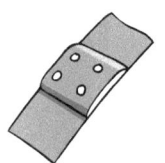

plasta

gifs

bendeji

sáraumbúðir

sindano

sprauta

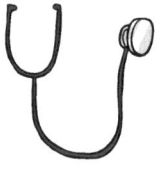

stetoskopu

hlustunarpípa

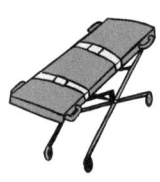

machela

börur

kipimajoto cha kliniki

líkamshitamælir

kuzaliwa

fæðing

unene kupita kiasi

yfirvigt

kusikia misaada

heyrnartæki

kipukusi

sótthreinsiefni

maambukizi

sýking

virusi

veira

VVU / UKIMWI

HIV / AIDS

dawa

lyf

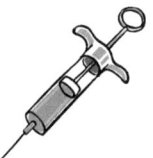

chanjo

bólusetning

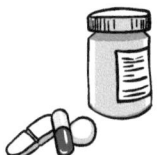

vidonge

töflur

kidonge

pilla

simu ya dharura

neyðarsímtal

haemodainamometa

blóðþrýstingsmælir

mgonjwa / mwenye afya

lasinn / heilbrigður

Msaada!

Hjálp!

kengele

viðvörun

pigo

líkamsárás

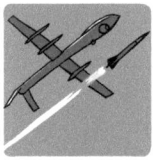

shambulizi

árás

hatari

hætta

lango la dharura

neyðarútgangur

Moto!

Eldur!

kizima moto

slökkvitæki

ajali

slys

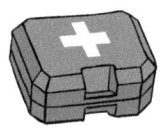

vifaa vya huduma ya kwanza

skyndihjálparbúnaður

wito wa msaada

SOS

polisi

lögregla

Ulaya

Evrópa

Amerika ya Kaskazini

Norður-Ameríka

Amerika ya Kusini

Suður-Ameríka

Afrika

Afríka

Asia

Asía

Australia

Ástralía

Atlantiki

Atlantshaf

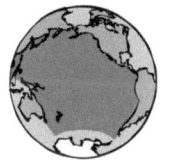

Pasifiki

Kyrrahaf

Bahari ya Hindi

Indlandshaf

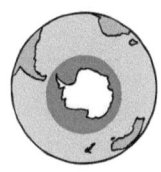

Bahari ya Antaktiki

Suður-Íshaf

Bahari ya Aktiki

Norður-Íshaf

Ncha ya Kaskazini

Norðurpóll

Ncha ya Kusini
Suðurpóll

Antaktika
Suðurskautslandið

dunia
Jörð

nchi
land

bahari
sjór

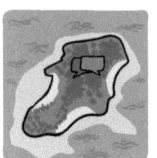

kisiwa
eyja

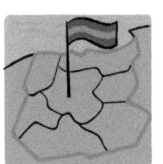

taifa
þjóð

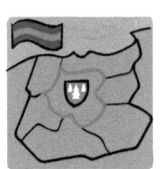

jimbo
ríki

uso wa saa

klukkuskífa

akrabu ya saa

litli vísir

akrabu ya dakika

stóri vísir

akrabu ya sekunde

sekúnduvísir

Ni saa ngapi?

Hvað er klukkan?

siku

dagur

wakati

tími

sasa

nú

saa ya dijitali

tölvuúr

dakika

mínúta

saa

klukkustund

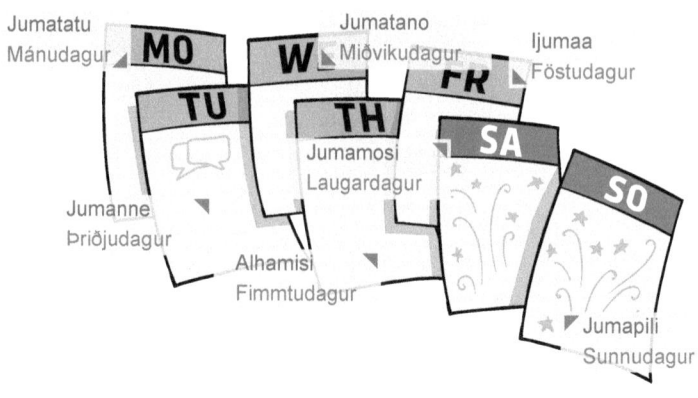

Jumatatu
Mánudagur

Jumatano
Miðvikudagur

Ijumaa
Föstudagur

Jumanne
Þriðjudagur

Jumamosi
Laugardagur

Alhamisi
Fimmtudagur

Jumapili
Sunnudagur

jana

í gær

leo

i dag

kesho

á morgun

asubuhi

morgunn

saa sita mchana

hádegi

jioni

kvöld

MO	TU	WE	TH	FR	SA	SU
1	2	3	4	5	6	7
8	9	10	11	12	13	14
15	16	17	18	19	20	21
22	23	24	25	26	27	28
29	30	31	1	2	3	4

siku za biashara

virkir dagar

MO	TU	WE	TH	FR	SA	SU
1	2	3	4	5	6	7
8	9	10	11	12	13	14
15	16	17	18	19	20	21
22	23	24	25	26	27	28
29	30	31	1	2	3	4

mwishoni mwa wiki

helgi

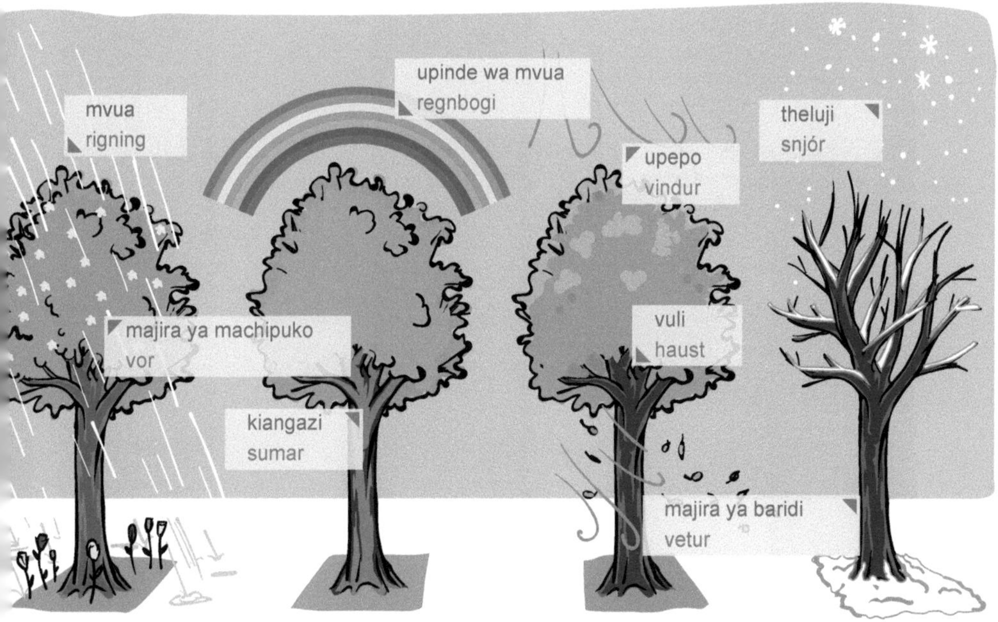

mvua
rigning

upinde wa mvua
regnbogi

theluji
snjór

upepo
vindur

majira ya machipuko
vor

vuli
haust

kiangazi
sumar

majira ya baridi
vetur

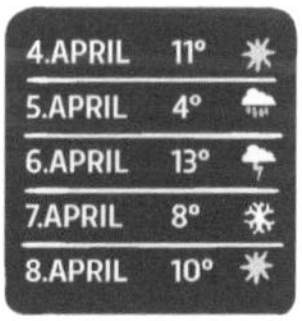

4.APRIL	11°	☀
5.APRIL	4°	☔
6.APRIL	13°	➤
7.APRIL	8°	☀
8.APRIL	10°	☀

tabiri wa hali ya hewa
veðurspá

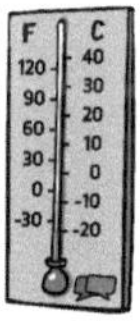

kipimajoto
hitamælir

mwanga wa jua
sólskin

wingu
ský

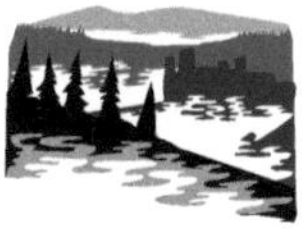

ukungu
þoka

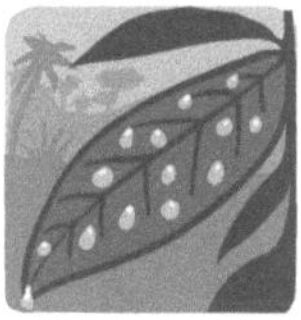

unyevu
raki

umeme

eldingar

radi

þrumuveður

dhoruba

stormur

mvua ya mawe

haglél

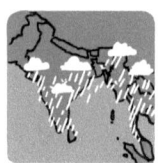

monsuni

monsún

mafuriko

flóð

barafu

ís

Januari

Janúar

Februari

Febrúar

Machi

Mars

Aprili

Apríl

Mei

Maí

Juni

Júní

Julai

Júlí

Agosti

Ágúst

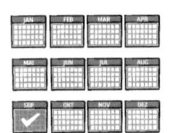

Septemba

September

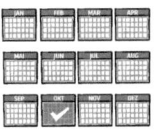

Oktoba

Október

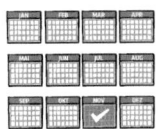

Novemba

Nóvember

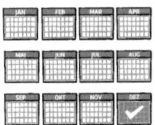

Desemba

Desember

maumbo
form

mduara

hringur

mraba

ferningur

mstatili

rétthyrningur

pembetatu

þríhyrningur

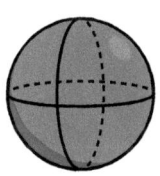

nyanja

kúla

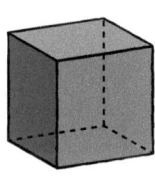

mchemraba

teningur

nyeupe

hvítur

manjano

gulur

chungwa

appelsínugulur

rangi ya waridi

bleikur

nyekundu

rauður

hudhurungi

fjólublár

bluu

blár

kijani

grænn

hanja

brúnn

jivujivu

grár

nyeusi

svartur

mengi / kidogo

mikið / lítið

hasira / pole

reiður / rólegur

nzuri / mbaya

fallegur / ljótur

mwanzo / mwisho

upphaf / endir

kubwa / ndogo

stór / lítill

angavu / giza

bjartur / dimmur

kaka / dada

bróðir / systir

safi / chafu

hreinn / óhreinn

kamilika / tokamilika

heill / ófullnægjandi

siku / usiku

dagur / nótt

wafu / hai

dauður / lifandi

pana / nyembamba

breiður / mjór

kulika / kutolika

ætur / óætur

ovu / ema

vondur / góður

sisimkwa / udhika

spenntur / leiður

nene / nyembamba

feitur / mjór

kwanza / mwisho

fyrstur / síðastur

rafiki / adui

vinur / óvinur

jaa / tupu

fullur / tómur

ngumu / laini

harður / mjúkur

nzito / nyepesi

þungur / léttur

njaa / kiu

svangur / þyrstur

mgonjwa / mwenye afya

lasinn / heilbrigður

haramu / kisheria

ólöglegur / löglegur

akili / kijinga

greindur / heimskur

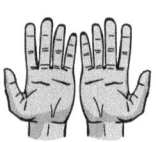

kushoto / kulia

vinstri / hægri

karibu / mbali

nálægur / fjarlægur

mpya / kutumika

nýr / notaður

kitu / jambo

ekkert / eitthvað

zee / changa

gamall / ungur

waka / zima

kveikt / slökkt

wazi / fungwa

opna / loka

utulivu / kelele

Lágvær / hávær

tajiri / masikini

ríkur / fátækur

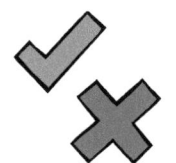

sahihi / kosa

rétt / rangt

mbaya / laini

grófur / sléttur

huzunika / furahia

bitinn / hamingjusamur

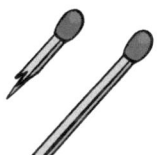

fupi /ndefu

stutt / lengi

polepole / haraka

hægt / hratt

nyevu / kavu

blautur / þurr

joto / baridi

heitur / kaldur

vita / amani

stríð / friður

0	**1**	**2**
sufuri	moja	mbili
núll	einn	tveir

3	**4**	**5**
tatu	nne	tano
þrír	fjórir	fimm

6	**7**	**8**
sita	saba	nane
sex	sjö	átta

9	**10**	**11**
tisa	kumi	kumi na moja
níu	tíu	ellefu

12

kumi na mbili
tólf

13

kumi na tatu
þrettán

14

kumi na nne
fjórtán

15

kumi na tano
fimmtán

16

kumi na sita
sextán

17

kumi na saba
sautján

18

kumi na nane
átján

19

kumi na tisa
nítján

20

ishirini
tuttugu

100

mia
hundrað

1.000

elfu
þúsund

1.000.000

milioni
milljón

Kiingereza

Enska

Kiingereza cha Marekani

Amerísk enska

Kimandarini cha Uchina

Mandarin-kínverska

Kihindi

Hindí

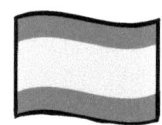

Kihispania

Spænska

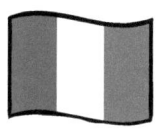

Kifaransa

Franska

Kiarabu

Arabíska

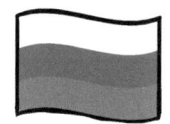

Kirusi

Rússneska

Kireno

Portúgalska

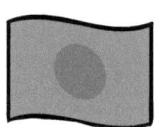

Kibengali

Bengali

Kijerumani

Þýska

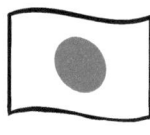

Kijapani

Japanska

mimi
....
ég

wewe
....
þú

♂ ♀ ○

yeye / yeye / ni
....
hann / hún / það

sisi
....
við

wewe
....
þú

wao
....
þeir

nani?
....
hver?

nini?
....
hvað?

jinsi gani?
....
hvernig?

wapi?
....
hvar?

lini?
....
hvenær?

jina
....
nafn

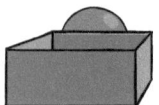

nyuma
....
bakvið

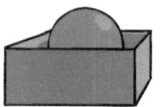

katika
....
í

mbele ya
....
fyrir framan

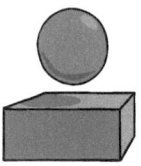

juu ya
....
yfir

kwenye
....
á

chini ya
....
undir

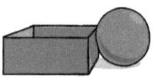

kando
....
við hliðina

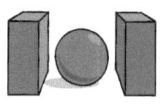

kati
....
milli

mahali
....
sæti